Les lapins

Susan B. Neuman

Texte français de Marie-Josée Brière

Éditions **SCHOLASTIC**

L'arbre du vocabulaire

La forêt

Les animaux

lapin
wapiti
écureuil
insecte
couleuvre
dindon

Les plantes

arbre
feuille
fougère
fleur

L'eau

étang
ruisseau
chute

lapin

 Saute, lapin!

Dans la forêt,

le lapin voit beaucoup de choses.

Saute, sautons, sautez!

Il y a de grands arbres tout droits.

arbres

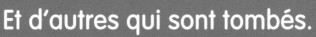
Et d'autres qui sont tombés.

Il y a des feuilles et des fougères.

feuilles

fougères

fleurs

Il y a aussi de jolies fleurs.

Saute, saute, saute!

Des wapitis dansent dans la forêt.

wapitis

Des écureuils trottinent.

écureuil roux

mante religieuse

Des insectes s'activent.

couleuvre à collier

Des couleuvres glissent sur le sol.

Des dindons sauvages font la roue.

dindon sauvage

ruisseau

Le lapin se promène près des étangs,

chute

étang

des ruisseaux et des chutes de la forêt.

Saute, saute, saute!

À ton tour!

Raconte une histoire sur un lapin.
Choisis une image dans chaque rangée.
Ensuite, raconte ton histoire.

Quelles plantes voit-il?

Quels animaux voit-il?

Quels plans d'eau voit-il?

Catalogage avant publication de Bibliothèque et Archives Canada
Neuman, Susan B.
[Hop, bunny! Français]
Les lapins / Susan B. Neuman ; texte français de Marie-Josée Brière.
Traduction de : Hop, bunny!
ISBN 978-1-4431-4372-1 (couverture souple)
1. Foresterie--Ouvrages pour la jeunesse. 2. Forêts--Ouvrages pour la
jeunesse. 3. Faune forestière--Ouvrages pour la jeunesse. 4. Lapins--Ouvrages
pour la jeunesse. I. Titre. II. Titre : Hop, bunny! Français
SD376.N4814 2015   j634.9   C2014-906867-0

Édition publiée par les Éditions Scholastic, 604, rue King Ouest, Toronto (Ontario) M5V 1E1 avec la permission
de National Geographic Society.

5 4 3 2 1   Imprimé au Canada 119   15 16 17 18 19

Conception graphique de David M. Seager

Références photographiques :

Page couverture, Andy Rouse/naturepl.com; 1, Michael Hamrah/Flickr/Getty Images; 2-3, amana images RF/Getty Images; 4-5, Rémy
Courseaux/Biosphoto; 6-7, M. Watson/ARDEA; 8, Stephen Dalton/Minden Pictures; 9, Alan Kearney/The Image Bank/Getty Images; 10,
Bill Hatcher/National Geographic Creative; 11, Ocean/Corbis; 12-13, Arterra Picture Library/Alamy; 14-15, Alex Saberi/National Geographic
Creative; 16, Elliott Neep/FLPA/Minden Pictures; 17, Kim Taylor/npl/Minden Pictures; 18, Fabio Pupin/FLPA/Minden Pictures; 19, Gerry Ellis/
Minden Pictures; 20-21, Ron and Patty Thomas Photography/E+/Getty Images; 22, Andy Rouse/naturepl.com; 23 (en haut, à gauche),
Stephen Dalton/Minden Pictures; 23 (en haut, au milieu), Alan Kearney/The Image Bank/Getty Images; 23 (en haut à droite), Ocean/Corbis;
23 (au milieu, à gauche), Alex Saberi/National Geographic Creative; 23 (au milieu, à droite), Gerry Ellis/Minden Pictures; 23 (au milieu, à droite), Elliott
Neep/FLPA/Minden Pictures; 23 (en bas, à gauche), Bill Hatcher/National Geographic Creative; 23 (en bas, à droite), Ron and Patty Thomas
Photography/E+/Getty Images; 24, blickwinkel/Alamy.